(388e) Vente des 27, 28 et 29 Novembre 1876

DESSINS ANCIENS

ESTAMPES

PORTRAITS

ÉCOLE DU XVIIIe SIÈCLE ET PIÈCES EN COULEUR

EXPOSITION PUBLIQUE
Le Dimanche 26 Novembre 1876

Me MAURICE DELESTRE COMMISSAIRE-PRISEUR Successeur de Me Delbergue-Cormont.	M. VIGNÈRES Md D'ESTAMPES Rue de la Monnaie, 21 (ancien 13).

CHEZ LEQUEL SE DISTRIBUE LE CATALOGUE.

PARIS — 1876

5967
1666 50
1379 50
9013 -

(388*)

CATALOGUE

DE

DESSINS ANCIENS

ET

ESTAMPES

Des Maîtres des Écoles anciennes et Graveurs modernes

PORTRAITS

ÉCOLE DU XVIIIe SIÈCLE ET PIÈCES EN COULEUR

DONT LA VENTE AURA LIEU

HOTEL DES COMMISSAIRES-PRISEURS

RUE DROUOT, 5, SALLE N° 4

AU PREMIER ÉTAGE

Les Lundi 27, Mardi 28 et Mercredi 29 Novembre 1876

A UNE HEURE PRÉCISE

Me MAURICE **DELESTRE**, Commissaire-Priseur,
Successeur de M. DELBERGUE-CORMONT,
rue Drouot, 23,

Assisté de **M. VIGNÈRES**, Marchand d'Estampes
rue de la Monnaie, 21 (ancien 13), à l'entre-sol,
CHEZ LEQUEL SE DISTRIBUE LE CATALOGUE.

EXPOSITION PUBLIQUE

Le Dimanche 26 Novembre 1876

PARIS — 1876

ORDRE DES VACATIONS

PREMIÈRE VACATION

Dessins anciens .... Nos 1 à 247

DEUXIÈME VACATION

Estampes anciennes .... Nos 248 à 481
Estampes modernes .... 482 à 505

TROISIÈME VACATION

Portraits .... Nos 506 à 565
École du XVIIIe siècle .... 566 à la fin.

CONDITIONS DE LA VENTE

Elle sera faite au comptant.

Les Acquéreurs paieront CINQ POUR CENT en sus des enchères, applicables aux frais de vente.

Les Attributions de l'amateur ont été conservées pour les dessins.

M. VIGNÈRES, dirigeant la vente, se charge des Commissions.

NOTA. Toute commission sans prix fixé ou sans limite déterminée sera regardée comme nulle.

M. VIGNÈRES se charge de faire marquer les prix aux Catalogues des ventes qu'il a faites. Les personnes qui le désirent peuvent s'adresser à lui *franco*.

Plusieurs Amateurs éloignés en ont reconnu l'utilité pour les guider dans leurs achats sur les valeurs des Estampes.

Les Catalogues des Ventes à faire seront envoyés à toute personne qui en fera la demande *affranchie*.

AVIS. — Nous prions MM. les Amateurs éloignés de ne pas attendre au dernier jour, pour que les lettres arrivent le matin de la vente; la distribution des lettres se faisant après mon départ.

Choix de Catalogues avec prix marqués

M. VIGNÈRES se charge des Commissions dans les Ventes de Livres et Estampes autres que les siennes.

3 [illegible]	48		9.013
748 catalogues	74 80		
16 Mains	24 ..		
Honoraires	901 30	1000 58	
Affiches et afficheur		40 45	
Insertion au Moniteur des ventes		24 ..	
Déclaration de Vente		2 20	
Timbre du procès verbal		10 80	
Enregistrement		229 25	
Versement en bourse commune		284 10	
Honoraires Delestre		284 10	
Location de la salle 4, 2 jours		159 20	
Clerc et crieur		36	
800 Catalogues		434	
Commissionnaire et transport		26 10	
pour supplément de travail		40	
		2570 75	
Déduire 5 % des acquéreurs		450 65	2120 10
			6893
Annonce à la Chronique des arts			18
			6875

Frais 23 55 %

(388•)

CATALOGUE

DESSINS ANCIENS

1 **Album chinois** ancien, composé de 38 feuilles formant volets se déployant à volonté. Les sujets représentent des scènes de la vie intérieure des chinois, des combats, etc. Dessins d'une grande finesse.

2 **Anonyme français.** Décoration architecturale. Joli dessin à la plume.

3 **Anonyme italien.** La Création de l'homme. A la plume et lavis de sépia.

4 — La Médecine. Joli dessin allégorique au lavis de bistre.

5 ALBERTI (Cherubino). Jolie Tête d'enfant, à la sanguine.

6 ALLEGRI (Ant.). Le Corrège. Études diverses à la plume et sanguine. Au verso, d'autres croquis.

7 ALLORI (Alessandro). Dessin représentant une double niche. Dans la première on voit deux amants qui s'embrassent; dans l'autre le père et la mère les surprennent et les menacent de coups de bâton. Au lavis de bistre relevée de blanc.

8 BAROCCI (Federigo). Tête d'homme d'un très-beau caractère. A la sanguine et pierre d'Italie.

9 BARRIÈRE (D.). Place publique ornée d'une fontaine et entourée de palais. Beau dessin à la plume lavé de sépia. Collection sir *Th. Laurence.*

10 BÉGA (Corneille). Marchand hollandais lisant une gazette. Très-beau petit dessin à la plume. Collection *Mariette.*

11 BERGHEM (Nicolas). Le Passage du gué. Effet de nuit. Magnifique petit dessin à la sépia d'une parfaite conservation. Papier au cor de chasse.

Ce dessin a été gravé par *Watelet.*

12 BILCOQ. La Marchande de soupe. Lavée d'encre de Chine rehaussé de blanc. Effet de lumière.

13 BLOEMEN (Van). Le Ferrement du cheval. Dessin au lavis de bistre.

14 BOILLY (Louis). La Partie de dames. Jolie scène d'intérieur. Bon dessin au lavis d'encre de chine relevé de blanc.

15 BOIVIN (René). Panneau décoratif orné de chimères Renaissance. Dans le milieu, le portrait gravé d'un peintre. A la plume et lavis de sépia.

16 BOL (Hans). Passage montueux avec maisons et chaumières. Joli dessin teinté en grisaille.

17 BOTH (Jean). Petit paysage, en hauteur, à la pierre d'Italie.

18 BOUCHARDON (Edme). Un Génie, accompagné d'un amour, entoure de fleurs un médaillon où se trouve un portrait tracé. Beau dessin à la piere noire rehaussé de blanc.

19 BOUCHER (F.). Enfants jouant au saut de mouton. Bon petit dessin à la sanguine.

20 — Instruments aratoires. Dessin à la pierre noire relevé de blanc.

21 BOUCHER (F.) le fils. Temples en ruines et mausolée. Dessin à la plume et aquarelle.

22 BOULANGER (L.). Jeune Albanaise. Étude à l'aquarelle et au crayon noir.

23 BOURDON (Sébastien). Portrait d'homme vu de profil. Beau dessin à la pierre noire relevé de sanguine et de blanc.

24 — Les Vendeurs chassés du Temple. Lavis de sanguine relevé de blanc.

25 BOUT (Pierre). Groupe de bergers et moutons. Joli petit dessin à la plume et aquarelle.

26 BREUGHEL (Pierre). Joli petit paysage à la plume et aquarelle.

27 BRONZINO (Angiolo). Saint Christophe portant l'Enfant. Très-beau dessin à la plume lavé de sépia.

28 CALAMATTA. Portrait de Raphaël. Bon dessin au crayon noir. Collection du docteur *Martinet*.

29 CALIARI (P.). Le Veronèse. Sylène ivre se fait verser le vin d'une outre par un satyre. Une bacchante et d'autres satyres assistent à la scène. Très-beau petit dessin à la plume.

30. CALLOT (Jacques). Les Martyrs du Japon. Très-beau dessin au lavis d'encre de Chine relevé de blanc. Première pensée originale de ce sujet gravé par le Maître (Meaume, n. 155). De notables changements y ont été faits ainsi qu'on peut en juger par la comparaison avec la gravure que nous joignons.

31. — Bohémien italien drapé dans son manteau et portant rapière. Bon petit dessin à la plume.

32. CARÊME. Bacchus enchaîné de fleurs par une bacchante et un jeune satyre. Bon petit dessin au bistre.

33. — Jeune homme couché lisant un livre. Lavis d'encre de Chine. *Signé.*

34. CARRACHE (Annibal). Étude d'homme assis sur un piédestal. Beau dessin à la pierre noire dans le style de Michel-Ange.

35. — Anachorète prosterné devant un crucifix. Bon petit dessin à la plume gravé par *Caylus.*

36. CARRACHE (A.). Petit fronton formé par deux enfants. A la plume et lavis de sépia.

37. CASANOVA. Intérieur d'un corps de garde. Des soldats jouent aux cartes sur un tambour. Joli petit dessin à la sanguine.

38. CASTIGLIONE (B.). Portrait d'homme à la plume. Collection *Genoels* et autre.

39. CHARDIN (J.-B.-S.). Le jeune Géographe. Superbe dessin au lavis de sépia avec quelques traits de plume. *Signé.*

40. CHATELET. Vue aux environs de Paris. Joli petit dessin à la plume et aquarelle. *Signé.*

41 CHOFFART. Médaillon allégorique de la chasse. Dessin portant le n. 3 du VIe cahier de la suite, à l'encre de Chine carminée.

42 CLERISSEAU. L'Arche du pont d'Avignon qui se trouve dans l'île de la Bartelane. Belle aquarelle.

43 COCHIN (C.-N.). Allégorie de l'Étude. Charmant petit dessin au lavis de sanguine relevé de blanc.

44 — Frontispice allégorique : Minerve, tenant un bouclier aux armes de France, relève une femme sortant de ruines où se trouve écrit : *Velleja*. Bon dessin à l'encre de Chine.

45 COROT (J.-B.-C.). Charmant petit paysage fait au lumignon de chandelle. *Signé.*

46 CORRÉGE (Ant.-Allegri). Lutte de Jacob avec l'ange. Lavis de sanguine relevé de blanc. Collection du baron *Wappers.*

47 COUSIN (Jean). L'Arche sortant de la mer Rouge. Bon dessin à la plume et encre de Chine. Les dessins de ce maître sont rares. *Signé.*

48 COYPEL (A.). Apothéose de Psyché. Sujet de plafond aux deux crayons. Aux angles se voit l'écu fleurdelisé d'Orléans.

49 CUYP (Albert). Jeune pâtre au repos. Joli petit dessin à l'encre de Chine.

50 DEBUCOURT. Scènes galantes dans la campagne. Personnages en costumes du Directoire. Dessin à la plume, sépia et encre de Chine.

51 DELAROCHE (Paul). Tête de sainte Élisabeth. Grand dessin à la pierre d'Italie.

52 DELAULNE (E.) dit : *Stephanus*. Glaucus et Scylla. Délicieux petit dessin à la plume de la plus grande finesse. Extrêmement rare.

53 DE LAUNAY (N.). Le Bon petit ménage. Dessin à la pierre noire lavé d'encre de Chine. *Signé* et daté.

54 DESCAZES. Réunion de jeunes patriotes. Joli petit dessin à la pierre noire et lavis de bistre.

55 DE VLIEGER (S.). Commencement d'un combat naval. Bon dessin à l'encre de Chine sur papier teinté.

56 DE VOS (Martin). Hercule arrache la corne d'Achéloüs. Très-beau dessin à la plume. Collection *Arozarena*.

57 — Études de jeunes femmes à collerette. Petit dessin à la plume. Collection *Lagoy*.

58 DE WAEL (Corneille). Course de chevaux bardes à Rome. Dessin au lavis de bistre. *Signé*. Collection *Gault de Saint-Germain*.

59 DE WIT (J.). Groupe d'enfants symbolisant les arts. Petit dessin à la plume et encre de Chine rehaussé de blanc.

60 DIAMANTINI. La Vierge et l'Enfant entourés de religieux. Pierre noire, sanguine et bistre.

61 DIETRICY. Paysage rocheux au lavis de sépia et d'aquarelle.

62 DOMINIQUIN (D. Zampieri). Judith emporte la tête d'Holopherne. Bon dessin au lavis de sépia et à la plume, rehaussé de blanc.

63 DUCQ (Jean). Seigneurs hollandais faisant de la musique. Bon dessin à la pierre noire et lavis de sépia. *Signé*.

64 DUPLESSIS BERTAUX. Artilleurs de la garde pendant la campagne de France. Bon dessin à l'encre de Chine. *Signé* du monogramme.

65 DUQUESNOY (François-Flamand). Joli petit dessin à la pierre d'Italie ; coté par *Crozat*. Rare.

66 DURER (Albert) 1519. Groupe de soldats pour la composition de la Résurrection. Dessin à la plume portant le monogramme.

67 DYCK (Ant. Van). Portrait de Charles Ier, roi d'Angleterre. ***Très-beau dessin fait sur nature***, probablement l'étude originale du tableau que possède le Louvre. Pierre noire. Signé. On sait que ce portrait est l'un des chefs-d'œuvre de Van Dyck.

68 — Portrait de ***Arthus Wolfart***. Très-beau dessin à la plume.

69 ÉCOLE ALLEMANDE du XVIe siècle. L'Annonciation. Bon dessin à la plume.

70 — Andromède gardée par le monstre. Dessin du XVIe siècle à la plume. Collection *Lafontinelle*.

71 ÉCOLE ESPAGNOLE. L'Annonciation. Bon dessin à la sanguine.

72 ÉCOLE FRANÇAISE du XVIe siècle. Tête de Christ dans le style bizantin. Dans le rayonnement se trouve la devise : *J.-J. Ma-xi-ma.* — Au lavis de bistre.

73 ÉCOLE FRANÇAISE du XVIe siècle. Prince du sang sur son cheval au caparaçon fleudelisé. Il est armé de sa lance et porte l'écu des princes du Bourbonnais et Montpensier. Curieux dessin à la plume et aquarelle.

74 ÉCOLE FRANÇAISE. Le Cuvier des contes de La Fontaine. Dessin à la pierre noire relevée de blanc.

75 — Le Premier sacrifice. Des Bacchantes déshabillent une jeune fille devant le buste de Pan. Gracieux dessin à la pierre noire et encre de Chine relevée de blanc.

76 ÉCOLE ITALIENNE. Les trois Vertus théologales. Bon dessin à la sanguine.

77 ECK (Gaspard Van), de Bruxelles. L'Adoration des Mages. Importante composition à la plume et curieuse pour les costumes du XVIe siècle. Très-rare.

78 ELZHEIMER (Adam). Diane découvre la grossesse de Calisto. Joli dessin teinté en grisaille.

79 EYCK (Hubert Van). Le Retour du châtelain. Deux époux s'embrassent avec effusion. Rare et curieux dessin à la plume.

80 FARINATI (Paul). Enlèvement de Déjanire par le centaure Nessus. Bon dessin au bistre relevé de blanc.

81 FLAMEN (Albert). Portrait de l'artiste dessinant un paysage orné d'un moulin et animé de volatiles. A la plume et encre de Chine. Rare.

82 FLAXMAN (Jean). Hercule assommant Cacus. Bon dessin à la plume. Rare.

83 FLORIS (Franck). De Vriendc. Sujet allégorique à la plume lavé d'encre de Chine. Rédaction manuscrite de *Mariette*, au verso.

84 FRAGONARD (Honoré). Pygmalion amoureux de sa statue. Charmant dessin à la plume et lavis de sépia. Au verso, un autre dessin à la plume et sépia, représentant les compagnons de Renaud dans les jardins d'Armide.

85 — Deux sujets allégoriques, motifs de plafonds, d'après les maîtres italiens. Dessin au bistre. Collection du duc d'*Aumale*.

86 — Portrait de ***Sophie Arnould***, actrice de l'Opéra. Beau dessin à la pierre noire, tête de grandeur naturelle. *Signé.*

87 FRANCIA. Port de Boulogne-sur-Mer. Aquarelle.

88 GAILDRAU (Jules). ***Pichegru*** en pied et en grand costume. Mine de plomb et aquarelle. Dessin pour une publication.

89 GELÉE (Claude-Lorrain). Paysage coupé par une rivière sur les bords de laquelle se voient des personnages mythologiques. Superbe dessin au bistre rehaussé de blanc, d'une parfaite conservation.

90 GENOELS (A.). Paysage à la plume. Nous y joignons l'eau-forte où l'on y peut constater quelques différences.

91 GHEZZI (P.-L.). La Remontrance. Caricature à la plume.

92 GILLOT (Claude). Le Jugement de Midas. Dessin à la sanguine.

93 GOLTZIUS (Henri). Diane découvre la grossesse de Calisto. Bon dessin à la plume lavé d'encre de Chine. Nous y joignons deux gravures du même sujet traité par le Maître.

94 — Le Joueur de cornemuse. Bon dessin à la plume signé du monogramme.

95 GOYA. Femme se faisant traîner sur une brouette. Bon dessin au crayon noir.

96 GOYEN (J. Van). Chaumières au bord d'une rivière. Petit dessin à la sanguine.

97 GRAVELOT (H.). Le jeune Bacchus couché sur un tigre. Petit dessin à la pierre noire en forme de médaillon.

98 GRÉGOIRE (Paul). La Lecture du soir. Costumes du Directoire. Lavis d'encre de Chine.

99 GREUZE (J.-B.). Tête de petite fille. Dessin à la sanguine grandeur naturelle.

100 GRILLE. Projet d'une porte grillée, aux armes de France et au chiffre du Roi, à exécuter en fer forgé pour l'Hôtel des monnaies de Paris. Grand et beau dessin, à fronton double, à la plume et aquarelle.

101 GUERCHIN (Le). Une Querelle à l'office. Deux Femmes se battent à coups de quenouille et de tisonnier. Bon dessin à la plume et à la sépia. Gravé en 1788 par *De Bizemont*.

102 HOLBEIN (Hans). Portrait d'un roi d'Angleterre. Très-beau petit dessin à la sanguine. Rare.

103 HONTHORST (Gérard). La Mangeuse de jambon. Dessin au lavis de sanguine. Nous joignons la gravure.

104 HOUEL. Charmant petit Paysage animé de personnages, avec moulin à eau. Au lavis d'encre de Chine.

105 HUBERT ROBERT. La Villa d'Este à Tivoli. Jolie aquarelle de forme ronde. *Signée.*

106 — Escalier pour l'entrée d'un parc. Charmant petit dessin à la pierre d'Italie.

107 — Entrée d'un Parc. Dessin à la sanguine.

108 HUET (J.-B.). Le Repos du Berger; pendant son sommeil une bergère lui retire son chapeau. Dessin à la pierre noire et encre de Chine.

109 INGRES. Etude de femme nue, assise et s'arrangeant les cheveux. Dessin à la mine de plomb et au trait. Collection du docteur *Martinet.*

110 JEAURAT. Personnages assis à une table. Très-beau dessin à la pierre noire et encre de Chine, relevé de blanc. *Signé.*

111 JORDAENS (J.). Tête d'homme au crayon de couleur relevé de blanc. Collection *Kaieman.*

112 JOSÉPIN (Le). Études diverses, à la plume et lavis d'encre de Chine.

113 KOEKKOEK (B.-C.). Intérieur d'un Bois où se trouve une mare dans laquelle s'abreuvent des bestiaux. Très-beau dessin à l'encre de Chine. *Signé.*

114 LAGNEAU. Portrait d'un Ecclésiastique à grand rabat. Superbe dessin à la pierre d'Italie relevé de sanguine.

115 LAGRENÉE. Le Temps enchaîné par l'Amour et des Nymphes. Dessin au bistre.

116 LA HIRE (Laurent de). Hercule, couronné par Minerve, foule aux pieds les Amours et la Richesse symbolisés par des enfants. Grand et beau dessin à la pierre d'Italie relevée de blanc.

117 LAIRESSE (Gérard de). Ronde de bacchantes et satyres autour du terme de Pan. Dessin à la sanguine lavé de bistre.

118 LALEMAND (Ph.). Un Intérieur de cuisine. Bon dessin à la pierre noire et aquarelle. Collection *Fortuny*.

119 LANCRET (Nicolas). Un homme agenouillé présente une bourse à un seigneur entouré de ses favoris. Grand et beau dessin à la pierre noire relevé de blanc.

120 LARGILLIÈRE (N. de). Portrait d'une jeune et jolie Dame. Gracieux dessin à la pierre noire rehaussé de blanc.

121 LAVREINCE. Portrait d'une jeune Femme vue de profil. Petit dessin à la pierre noire relevé de blanc. Médaillon.

122 LE BARBIER l'aîné. Apollon répand l'abondance sur une ville fortifiée. A la plume et lavis de sépia.

123 LE BRUN (Charles). Portrait d'un jeune Gentilhomme. Pierre et sanguine relevé de blanc.

124 LECLERC, des Gobelins. Le Régent visitant les Gobelins. Dessin à la plume et encre de Chine.

125 LECOMTE. Rome, 1764. Hercule assommant l'Hydre. Projet de fontaine à la plume lavé de sépia.

126 LEDOUX. Extérieur du Panthéon, à Paris. Délicieux petit dessin au crayon et à l'aquarelle. Au sommet du monument se voit une Renommée.

127 LE MOINE (François). Galathée se repose sur un rocher. Belle et gracieuse étude à la pierre noire rehaussée de blanc.

128 LENAIN. Le Bénédicité. Esquisse traitée en grisaille.

129 LEONARD DE VINCI. Etude à la plume de chevaux, vus de face et de derrière.

Autre étude au crayon d'argent d'un cheval, avec mesures de l'ouverture des angles. Sur cette même feuille sont d'autres croquis de jambes de cheval à la pierre d'Italie.

Ces deux feuilles d'études semblent avoir été faites pour le grand cheval de Milan. (Pourront être divisées.)

130 LE PRINCE (J.-B.). Berceau russe, scène d'intérieur à la plume, sépia et encre de Chine.

131 — Rencontre de Jacob et de Laban. Dessin à la sépia pour le dessus de porte d'une galerie.

132 LESUEUR (L.). Ruines d'une église gothique et d'un presbytère. Important dessin au lavis de sépia. *Signé.*

133 **Lettre** D ornée. Deux dessins, dont l'un représente, parmi des ornements, Daphné poursuivie par Apollon; l'autre, Déjanire enlevée par le Centaure. A la plume et lavis d'encre de Chine.

134 LIONI (Ottavio). 1625. Portrait d'une petite Fille. Ravissant petit dessin aux trois crayons.

135 — 1607. Portrait de *Don Pietro Aldobrandino.* Charmant petit dessin à la pierre d'Italie relevé de blanc.

136 LIVENS (Jean). Reître hollandais. Petit dessin au lavis de sanguine. Rare.

137 LOIR (Nicolas). Sainte Famille au crayon noir lavé d'encre de Chine. (Rédaction manuscrite de *Mariette*, au verso.)

138 LUCAS DE LEYDE. Le Baiser de Judas. Très-délicat dessin à la pierre noire pour « la Passion, » gravée par le Maître. Il porte le n° 3 de la suite. Collection *J. Barnard.*

139 — La Résurrection. Très-délicat dessin au lavis de sépia, pour la même suite que le précédent. Il porte le n° 12.

140 LUYKEN (J.). Entrée de Jésus à Jérusalem. Bon dessin à la plume lavé de sépia et d'encre de Chine.

141 MAES (Nicolas). Jeune homme tenant une pomme. Dessin à la sanguine.

142 MALLET. Un Cavalier enlève une jeune femme et la pose sur son cheval. Au fond on aperçoit un château seigneurial. Joli dessin au crayon noir relevé de blanc.

143 MANGLARD (A.). Navire en réparation entouré de barques. A la plume et encre de Chine. Collection *Hamat*.

144 MANSARD. Dessin d'un Médaillon, à la mémoire de Louis XIV, pour l'église de Saint-Germain-en-Laye.

Ainsi que l'indique la note manuscrite, en marge, ce dessin fut commandé par Colbert à Mansard. La marge est couverte de 30 lignes autographes relatant le don que fera le Roy des marbres et du bronze pour ce monument, etc., etc. Curieux et intéressant pour l'histoire.

145 MANTEGNA (Andréa). Prêche de Saint-Jean (?) entouré de soldats et de personnages drapés. Très-beau dessin à la plume sur papier teinté en rouge.

146 MARILLIER. Le Jugement de Pâris. Gracieux dessin à l'aquarelle.

147 — Frontispice allégorique. Au bas, les quatre parties du Monde ; en haut, l'Écu de France soutenu par deux anges. Joli dessin de vignette à la plume et encre de Chine rehaussée.

148 MARTINET. Distribution gratuite de vin au Champ-de-Mars. Amusant petit dessin à la plume et lavis de sépia.

149 MASUCI. Apollon châtiant les Vices. Pierre noire relevée de blanc.

150 MATIGNON. Les Lavandières. Très-joli dessin au lavis d'encre de Chine. *Signé*.

151 MATSYS (Quentin). Un Savant lisant dans un livre. Bon dessin au lavis de sanguine. Très-rare.

152 **MAZZOLA** (F.). Le Parmesan. Fronton d'une décoration de chapelle représentant saint Marc entre deux docteurs de l'Eglise. Beau dessin à la plume et bistre.

153 — Bacchus nourri par la chèvre Amalthée. Bon dessin au lavis de bistre.

154 — Jésus enfant lisant devant les docteurs. Bon petit dessin à la plume lavé de bistre.

155 **MEUNIER**. La Maison carrée, prise du lavoir neuf à Nîmes. Charmant dessin à la plume et aquarelle.

156 **MICHEL-ANGE BUONARROTI**. Homme assis sur une nuée et vu de dos. Très-beau dessin du grand maître. Collections *Richardson*, *Reynolds* et autres.

157 — Tête d'Héraclite. Très-beau dessin à la pierre noire. Nous joignons la lithographie faite d'après ce dessin par *Colin*.

158 **MIELE** (Jean). Groupes divers de lazzaroni. Les uns se battent, d'autres jouent, etc. Important dessin à la plume et lavis de bistre.

159 **MIGNARD** (Pierre). Portrait de madame *De La Fayolle*, accompagnée de sa fille. Joli dessin à la pierre noire relevé de blanc.

160 — Tête d'Hercule entouré de ses attributs. A la pierre noire relevée de blanc.

161 **MOLENAER** (Jean). Querelle d'hommes dans une taverne. Dessin dans le genre de Brauwer, à la plume et lavé de sépia.

162 — Le faux Boiteux battu. Dessin à la sanguine.

163 MONOYER (J.-Baptiste). Groupe de raisins, abricots et prunes. Dessin à la sanguine.

164 MOREAU (J.-M.). Apollon, entouré de Pégase et des allégories des Arts, s'apprête à distribuer des lauriers. Bon dessin à l'encre de Chine destiné à un frontispice.

165 MOREAU (Louis). Pont et Monuments en ruines. Paysage animé dessiné à la gouache. Signé du monogramme.

166 — Pont de bois auprès d'une arcade en ruines. Lavis de sépia largement traité.

167 MOREAU le jeune. Trois Dessins originaux à la plume pour les chants 13, 15 et 16 de la Pucelle, in-8°, avec le texte manuscrit au bas de chacun.

168 MURILLO (B.-E.). La Vierge debout sur un croissant. Petit dessin à la plume lavé de bistre.

169 MUTIANO (Girolamo). Sainte Thérèse et saint Augustin en extase. Petit dessin à la plume. Collection *J. Reynolds* et autres.

170 NAVARRO. Allégorie de la Charité. Dessin à la plume et lavis d'encre de Chine.

171 NETSCHER (Gaspard). Etude pour une Suzanne. Dessin à la sanguine.

172 NOEL. Le passage du gué. Grand et superbe paysage à l'aquarelle et légèrement gouaché.

173 OSTADE (Adrien van). Extérieur d'un Cabaret flamand. Des hommes et des femmes boivent ou fument; un autre, tenant une cruche de bière, descend les marches de la taverne.

Très-beau petit dessin original au crayon et lavis d'encre de Chine; d'une grande légèreté.

174 OUDRY (J.-B.). Chasse au loup, au crayon noir et à la sanguine. Rédaction manuscrite de *Mariette*, au verso. *Signé*.

175 — Héron et Biche suspendus à une branche d'arbre. Dessin, formant panneau décoratif, à la sanguine.

176 PALMA (J.). Loth enivré par ses filles. Dessin au lavis d'encre de Chine.

177 PALMÉRIUS. Fuite en Egypte. Beau dessin au lavis de sépia et encre de Chine légèrement gouaché de blanc.

178 PANNINI. Saint Jean prêchant parmi des ruines de temples. Beau dessin, en hauteur, à l'aquarelle.

179 — Ruines de palais au milieu desquelles un personnage semble prêcher. Dessin en largeur, à la plume et aquarelle.

180 PARROCEL (Charles). Henri IV, Sully et Gabrielle. Dessin à la plume et lavis de sépia pour vignette.

181 PARROCEL (J.). Groupe de dames et d'enfants au bord d'une rivière. Energique dessin à la plume et sépia. Collection *Wappers*.

182 PASSAROTTI. Études anatomiques de bras et de jambes. Bon dessin à la plume de ce maître recherché dans ce genre.

183 PERINO DEL VAGA. Persée emporte la tête de Méduse. Dessin à la plume.

184 PERNET. Fontaine et Monuments de Rome. Petit dessin à la plume et encre de Chine.

185 PERONNEAU. Portrait d'un jeune seigneur. Croquis habilement fait aux deux crayons.

186 PICART (Bernard). Jésus au mont des Oliviers. Bon dessin au lavis d'encre de Chine.

187 PIERRE (J.-B.-M.). Récréation champêtre. Dessin à la sanguine. Collection *Guichardot*.

188 PIPPI (Jules-Romain). Guerriers partant au combat. L'un d'eux porte un étendard papal aux armes des Médicis. Beau dessin à la plume, bistre et encre de Chine rehaussé de blanc.

189 — Fuite en Egypte. Dessin à la plume lavé de bistre.

190 PIRANÉSI. Colonnade intérieure d'un Palais. A la plume et lavis de bistre.

191 POEL (van der). Orgie de truands éclairée de falots. Pierre noire et lavis de bistre.

192 PONTIUS (Paul Du Pont). Le Portement de croix. Dessin en grisaille peint sur toile, d'après *Rubens*, pour la gravure exécutée de la même grandeur.

193 POUSSIN (Nicolas). Paysage agreste animé de personnages. Très-beau dessin à la plume, lavé de bistre et relevé de blanc. Collection *Guichardot*.

194 POUSSIN (N.). Le Christ mort sur les genoux de la Vierge. Très-beau dessin au lavis de bistre.

195 — Vénus dans la forge de Vulcain. Petit dessin à la plume.

196 PRIMATICCIO (F.). Bacchanale autour d'un Temple en forme de rotonde. Dessin à la plume et au bistre relevé de blanc.

197 PUGET (Pierre). Étude d'homme, dans la pose d'une cariatide, à la pierre noire. *Signé.*

198 — Projet d'une Chaire à prêcher. Bon dessin à la plume et encre de Chine sur fond rouge.

199 RABELAIS (François). Dessin à la plume pour l'un des songes drôlatiques. Avec une note explicative.

200 REGNAULT (Baron). Bonaparte, premier consul, à cheval. Deux sujets à la plume et lavis de sépia. *Signé.*

201 REMBRANDT (Van Ryn), 1634. Intérieur d'un bois coupé par une route. Beau dessin à la plume, bistre, et aquarelle gouachée de blanc. Signé du monogramme.

202 — David sacrifiant aux idoles. Bon petit dessin à la plume et lavis d'encre de Chine.

203 — Esaü cède à Jacob son plat de lentilles. Bon dessin à la plume et au lavis de bistre.

204 RIGAUD (H.). Portrait d'un gentilhomme largement drapé. A la pierre mouillée relevée de blanc.

205 RIGAUD (J.). Un Pont sous lequel passe une barque. Joli dessin à l'encre de Chine.

206 ROBERDAY. *Quid profuit.* Allégorie sur la mort. A l'encre de Chine, avec la gravure.

207 ROBUSTI (J.). Le Tintoret. Études d'anges planant. A la plume et encre de Chine. Collection *Boilly.*

208 ROMANELLI. Circé présente à Ulysse la coupe empoisonnée. Bon dessin au lavis de bistre relevé de blanc. Ancienne collection.

209 ROSA (Salvator). Buisson d'arbres. Bon dessin à la pierre d'Italie.

210 ROSSI (F.). Cecchino de Salviati. Étude de femme tenant un enfant, à la plume, dans le sentiment de Michel-Ange.

211 ROSSO DEL ROSSO. Maître Roux. Char de Bacchus traîné par des tigres ; des bacchantes et des satyres en forment un cortége. Superbe dessin, pour le palais de Fontainebleau, exécuté à la plume et lavis de bistre relevé de blanc.

212 RUBENS (P.-P.). Cavalier lancé pour la chasse à l'ours. Beau dessin à la pierre noire.

213 RUISDAEL (Jacques). Entrée d'un village. Joli dessin à la pierre noire sur papier à la folie.

214 SAINT-AUBIN (A. de). Portrait d'une jeune Dame. Beau dessin à la pierre noire teintée d'aquarelle.

215 SAINT-AUBIN (G. de). Fête nautique au petit Trianon. Délicieux petit dessin au lavis d'encre de Chine. Au verso un autre dessin.

216 SALLAERT (Ant.). L'Assomption ; au bas un Concert d'anges. A la plume et teinté de bistre.

217 SANZIO (Raphaël), d'Urbin. Le Couronnement d'épines. Très-beau dessin au lavis de bistre relevé de blanc. Composition de onze personnages (quelques parties manquent de conservation).

218 SANZIO (Raphaël) d'Urbin (attribué à). L'Évangéliste saint Jean. Très-beau dessin à la pierre d'Italie, possédant toutes les qualités d'un original.

219 SCHALKEN (G.). Jeune Femme à sa toilette. Joli dessin à la sanguine ; effet de lumière bien rendu.

220 SCHENEAU. La Leçon de peinture, l'Amour proposé pour modèle. Dessin à la pierre noire relevée de blanc.

221 SEGHERS (Gérard). Les Pèlerins d'Emmaüs. Beau dessin à la plume et encre de Chine relevée de blanc.

222 SENAVE. Jubilé de la cinquantaine : les deux époux dansent au son du violon. Dessin au lavis d'encre de Chine.

223 SIGNORELLI (Lucas). Étude d'homme vu de dos, aux crayons de couleur, sur papier teinté.

224 SOLIMÉNA. Saturne et Cérès. Dessin délicat, en forme d'éventail, au lavis de bistre.

225 SOLIS (Virgile). L'Enfant prodigue gardant les pourceaux. Bon dessin à la plume et lavis d'encre de Chine.

226 SPRANGER (B.). Un Homme et une Dame font de la musique sous une grotte. Dessin à la plume et lavis de sanguine.

227 TAUNAY. Charge sur l'exposition des tableaux dans les galeries du Louvre, en 1818. Aquarelle.

228 TÉNIERS (David) le père. Intérieur de la boutique d'un chirurgien. Curieux dessin à la sanguine.

229 TÉNIERS (David) le fils. Croquis divers pour le marché aux poissons et autres à la pierre noire. *Signé.*

230 TERBURG (G.). Le jeune Modèle. Beau dessin à la pierre d'Italie rehaussée de blanc.

231 TESTA (Pietro). Sainte Famille avec une gloire d'Anges. Dessin à la plume lavé de bistre.

232 THIÉNON (C.). Source dans une caverne. Charmant petit dessin au bistre.

233 TITIANO VECELLI. Le Titien. Ecce Homo. Deux belles petites compositions sur le même sujet. Dessin à la plume.

234 — Portrait d'un jeune Gentilhomme couvert d'une cuirasse, la main appuyée sur un casque. Bon dessin à la plume.

235 TRINQUESSE. Jeune Femme assise. Bon dessin à la pierre noire rehaussée de blanc, sur papier rose.

236 VALENTIN. Soldats jouant au trictrac. Bon dessin à la plume. Rare.

237 VALLIN. Érigone. Superbe et gracieux dessin au crayon noir.

238 VANDERMEULEN (F.). Bombardement de la ville de Douai. Au premier plan un cavalier est renversé de son cheval qui est atteint d'un projectile. Bon dessin à la pierre noire.

239 VANNI (F.). Épisode de la vie de sainte Catherine de Sienne. A la plume et lavis de bistre.

240 VANNING (J.). Fumeurs attablés au cabaret. Dessin à l'encre de Chine dans le goût d'Ostade.

241 VANNUCCI (A.). Del Sarte. Étude d'Homme réfléchissant. A la pierre d'Italie relevée de blanc.

242 VIGÉE-LEBRUN (Madame). Portrait d'actrice costumée à l'orientale. Joli dessin au crayon noir relevé de blanc. Collection du Docteur *Martinet.*

243 WATTEAU (Antoine). Jeune Dame nonchalamment assise dans la campagne. Jolie étude à la sanguine.

244 — Paysage avec maisonnette autour de laquelle sont quelques personnages. Joli croquis à la laque, au pinceau. (Au verso de fort jolies mains.)

245 ZAMPIERI. Le Dominiquin. Couronnement d'épines. Lavis de bistre et sépia. Collection *Woodburn.*

246 ZUCCARO (Taddeo). Bélisaire. Très-joli dessin à la plume lavé de bistre et de sépia.

247 Sous ce numéro seront vendus plus de 600 dessins anciens de diverses Écoles, qui n'ont pu être catalogués.

ESTAMPES ANCIENNES

248 **Anonyme.** Calendrier solaire pour l'année 1607, contenant environ 50 sujets religieux et mythologiques. Pièce curieuse et rare. In-fol.

249 — Assomption de la Vierge; in-fol. Très-belle ép.

250 — Diogène suivi du peuple. Pièce rare et curieuse de l'École française du XVIe siècle.

251 — Magnifique et superbe entrée de Leurs Majestés (Louis XIV et sa femme), dans leur bonne ville de Paris, le 26 août 1660; riche cortége surmontant un texte explicatif en allemand et en français. Rare.

252 **Antoine** de Trente. Martyre des saints Pierre et Paul, d'ap. *Parmesan*, camaïeux de trois planches, sup. ép. 1er état. B. XII. Section IV. (28). Collé. Collection *Boerner*. 1809.

253 **Audran** (G.). Jugement de Salomon, d'ap. *A. Coypel*. Belle ép. gr. in-fol.

254 **Aveline** (Pierre). Troupeau au repos près d'une petite source, d'ap. *P. Berghem*. Gr. in-fol. Belle ép.

255 **Bega.** L'Homme au manteau court (B. 8). L'Homme la main dans le pourpoint (10). — La Fumeuse (11). La Femme tenant un grand pot (12). — La Femme portant un panier (18). — Le Paysan à sa fenêtre (19). 6 p. belles ép.

256 — Le Paysan allumant sa pipe (20). — L'Assemblée près de la cheminée (23). — La Danse (26). — La Mère (28). 4 p.

257 — La Mère et son Mari (30). — La Mère au cabaret (31). 2 p. très-belles.

258 — La jeune Aubergiste (33). — La jeune Cabaretière caressée (34). 2. p. très-belles.

259 — L'Homme la main dans le pourpoint (10). — Le Fumeur (13). — Le Buveur (16). — Paysan au chapeau bas (17). Le Chanteur (27). — Les trois Buveurs (29). 6 p. très-belles.

260 **Beham** (S.). Des Paysans qui se battent (B. 162). Très-belle ép,

261 **Bonasone**. Saint Pierre et saint Jean guerrissant le boiteux à la porte du temple (B. 73).

262 — L'Amour surpris dans les Champs-Élysées par les âmes des amants qui ont éprouvé son pouvoir pendant leur vie (101).

263 **Berghem**. La Vache qui pisse. *G. Valk excudit.* Belle ép. très-grande marge.

264 — La Vache qui s'abreuve. *N. Visscher excud.*

265 **Berghem** (D'ap.). Le Rachat de l'Esclave, non terminé, avant toute lettre. Grand in-fol.

266 **Bonnard**. Contre-épreuves ; on a dessiné à la sanguine des fonds de paysages, d'autres à l'encre de Chine, pour les terminer, suite unique. 11 p.

267 **Bonzi**. L'Ange et Tobie. — Pièce non décrite faisant pendant au nº 18 — et autres. 4 p. rares.

268 **Borcht** (V. der). Entrée et sortie de l'Arche. 2 p. in-4. Belles ép.

269 **Borcht** (V. der). Vengeance des bêtes sauvages contre les chasseurs et chiens de chasse. Petit in-fol. Très-belle ép.

270 **Bos** (D'ap. Jérôme). Intérieur; on fait des gaufres; on fait la barbe à un fou. Pièce drôlatique et curieuse, coloriée. Petit in-fol.

271 **Bosse** (Abraham). Berger : voici venir Philis. — Autre jouant de la musette. 2 p. in-4.

272 — Vertus de saint François-de-Paule recueillies de la bulle de sa canonisation. Superbe ép. in-4. Marge petit in-fol.

273 **Both** (Jean). Le Marchand de lunettes. In-4.

274 **Boyvin** (René). Le vieux Silène (R. D. 28). Très-belle ép.

275 **Brebiette**. Le Pavvre badin : La femme montre les cornes à son mari qui sue de la chausser. Très-belle ép. d'une pièce drôlatique et curieuse. Petit in-fol.

276 — Éléphant portant en triomphe un tigre entouré d'amours et de raisins. Petit in-fol.

277 — Bachanales de plusieurs formats. 16 p.

278 **Breughel** (D'ap.). La Résurrection. In-fol. belle ép. Rare.

279 **Callot**. Massacre des Innocents (Meaume 6).

280 — Les Gueux ou Mendiants (685-709). 25 p. Adresse de Silvestre.

281 **Cantarini** (Simon). Repos en Égypte (B. 4, 5, 7. Coll. R. Duménil, 8). 4 p. Belles ép.

282 — Saintes Familles et saint Jean (11, 15). — Vierge et Jésus à l'oiseau captif (18). — 3 p.

283 — Saint Jean (33). — Saint Sébastien (24). Col. Denon. — Le même contre-partie, col. Denon. Le grand saint François de Padoue (25). — Et la copie trompeuse, 2e état. — 5 p.

284 — Jupiter, Pluton et Neptune offrant leur couronne aux armes du cardinal Borghèse (29). — Enlèvement d'Europe (30). — Mercure et Argus (31). 1er état. — 3 p.

285 — La Fortune (24). 1er et 2e état. 2 p.

286 **Carrache**. Suzanne. — Autre Suzanne par *Mola*. — Le Possédé, d'ap. *L. Carrache*. 3 p. à l'eau-forte.

287 **Chauveau** (Fr.). Gare l'eau là-bas! In-4. Pièce curieuse et rare.

288 **Cochin** (N.). Le Rocher de saint Antoine dédié à Madame Molé, abbesse de Saint-Antoine-des-Champs lez Paris. In-fol. Rare.

289 **Cort** (Corneille). Naissance de la Vierge. — La Visitation. — La Samaritaine, 3 p. Petit in-fol.

290 **Coypel** (A.). 1692. Satyre terrassé par deux Amours. Collection *Visscher*, collée.

291 **David** (C.). Femme jouant aux dames avec son singe. In-4. Très-belle ép. Filigrane au petit pot hollandais. Collection Robert Dumesnil.

292 **Dé** (Maître au). Bacchanale sacrifice au dieu. Pan.

293 — Psyché et l'Amour couchés (B. 70). Très-belle ép.

294 **De Mas.** Le Vin me plaist dans sa couleur, etc. In-4. Dédié à tous les bachiques, par leur frère.

295 **Dorigny** (Eq. Nic.). Salmacis et Hermaphrodite, d'ap. *Fr. Albane*. Belle ép. gr. in-fol.

296 **Durer.** Le Seigneur et la Dame (B. 94). Belle.

297 — Les Armoiries au Coq (B. 100).

298 — (D'après). La Nativité, par *Wierix* et contre-partie. — La Mélancolie. 3 p.

299 — L'Enfant prodigue gardant les pourceaux.

300 — Saint Georges à pied.

301 **Dusart** (Corneille). Les deux Chanteurs, 1er état, très-grande marge. Très-belle ép.

302 — Le Joueur de violon assis. Très-belle ép., sans marge. — La contre-épreuve. 2 p.

303 — La Fête flamande. Très-belle ép. avant les taches de rouille sur le ciel; petit in-fol. Belle marge.

304 **Dick** D'ap. V.). Le Christ au roseau; petit in-fol., *Daret ex.*

305 — La Vierge apparaît à Joseph Herman; petit in-fol., par *Pontius*.

306 **Eaux-fortes italiennes.** Saint Jérôme, d'*Amati*. — Repos en Égypte, de *Proccacini*. — Et autre. 3 p.

307 **École italienne**, d'après Carrache, Dominiquin, etc. 12 p.

308 **École de Fontainebleau.** Arabesque avec Saturne, *Leonardus Theodoricus Inuentor*. — Junon et Neptune, de *Léon Daven*. 2 p.

309 **École de Fontainebleau.** Psyché puisant de l'eau dans la fontaine gardée par des dragons (B. 46). Signé *P. Mariette, 1661;* in-fol.

310 — Le Corps de Patrocle retiré du combat, L. D. (B. 15); grand in-fol.

311 — Les Troyens amènent le cheval de bois; in-fol. (B. page 394-45).

312 — Marche d'un bagage d'armée (91). d'ap. *Jules Romain.*

313 — L'Ignorance vaincue, d'ap. *maître Roux.* — Henri II entrant dans le temple; in-fol. Très-belle ép.

314 — Jeune homme la jambe droite sur un soubassement, le pied gauche en l'air appuyé contre un mur sur lequel il s'appuye de ses deux bras, eau-forte; sous son pied droit : *Rous de Rous Floren inuen;* tout en bas entre les murs : *Cum privilegio Regis.* Rare.

315 **École flamande.** Satyre buvant la coupe de Bacchus dormant; graud in-fol. Superbe ép. avant toute lettre.

316 — Vieille à la fenêtre tenant une cruche, d'ap. *G. Dow.* — Vieille à la fenêtre tenant une chandelle allumée, d'ap. *Schalken.* 2 p.; petit in-fol. avant la lettre.

317 — Vieillard offrant une bourse à une femme qui se regarde dans une glace; petit in-fol. avant toute lettre. Marge.

318 **Everdingen.** Les deux Barques dans la large rivière. — Les Paysans dans le bois. 2 p. à l'eau-forte. Très-belles ép.

319 F. C. Arithmetica. — Dialectica. — Geometria. Rhetorica. 4 p.; petit in-4. Belles ép.

320 **Flamen.** La Lamproye. (R. D., 477-1.).

321 **Floris** (D'ap. Franc). Loth et ses filles; petit in-fol. Belle.

322 B. F. *Battista Franco.* Jésus-Christ au ciel couronnant le Défenseur de la Religion, qui se voit au-dessous combattant les démons, les vices petit in-fol. sur bois, collé. Rare.

323 — Diane et ses Nymphes se reposant (B. 46), avant le nom et l'adresse. Très-belle ép.

324 **Frey** (De). La Famille à table. — Les Joueurs de tric-trac. 2 petites pièces à l'eau-forte.

325 **Gellée** (Claude Lorrain). La Tempête (R. D. 5). — Le Naufrage (7) — Campo Vaccino (23). 3 pièces.

326 **Ghisi** (Adam). La Servitude. — Hercule. 2 p.

327 — (Georges). Hercule qui a terrassé l'Hydre. — La Continence de Scipion, de *Diana.* 2 p.

328 — Les Muses par trois, des plafonds en hauteur. 3 p. Avec marge.

329 **Goltzius** (H.). *Quis evadet?* Enfant faisant des Bulles de savon. Superbe ép.; in-4.

330 — Les Parques, sujet gracieux en rond; in-fol. Très-belle ép.

331 — Enfant faisant des Bulles de savon. — Pygmalion et sa statue. 2 p.

332 **Goyen** (J. van). Homme à cheval au milieu du paysage, avec pont et chaumières.

333 **Grimaldi** le Bolognèse. Paysages ronds (B. 4 à 7). 4 p. Belles.

334 **Hainzelman**. Saint François en adoration; grand in-fol. avant la lettre. Belle ép.

335 **Halma** (François). Dictionnaire historique, topographique des princes de la Hollande (en hollandais), avec nombre de portraits en pied de personnages illustres, cartes, plans; 1725. 2 vol. rel. vélin; in-fol. Bel exemplaire.

336 **Hals** (D'ap.). Le Rommel-pot; in-fol., chez *Selis*.

337 **Hattu**, de Douai, 1633. La petite Vue de Paris, d'après *Callot*. Très-belle ép. Rare.

338 **Heem** (David de). Nature morte, eau-forte. Rare.

339 **Horckmans** (E.). *Zeevaerts-Lofs vt Boecken* (l'Éloge de la marine), illustré de 17 eaux-fortes qui peuvent être attribuees à Govert Flinck, elève de Rembrandt, car les figures ont tout le caractère du dessin de cet artiste; en ce cas, ce seraient des épreuves d'un travail inconnu à tous les savants qui ont décrit les eaux-fortes et gravure de l'École hollandaise; plus une p. de *Rembrandt*, page 97. Catalogue dans son œuvre sous le titre : *La Fortune contraire*. Très-belle ép.; vol. in-fol., relié en parchemin, ayant appartenu à M. Jacques Ribard, à Rouen, 1er juin 1781; sa signature est sur le titre, et Collection *Robert Dumenil;* en tout, 18 eaux-fortes dans le texte.

340 **Holbein.** L'Alfabeto della Morte, brochure in-8.

341 **Hollar.** Diane assise; in-4. Très-belle ép. Collection *R. Dumenil.*

342 — Diane couchée dormant; in-4. Très-belle ép. Collection *R. Dumenil.*

343 — La Fiancée, d'ap. *Martin Schon*; in-8. Très-belle.

344 **Hooghe** (R. de)? Paris au fond, au-devant homme et femme, costume Louis XIV. — Petit costume de seigneur Louis XIII, par Matheus, 2 pièces.

345 **Hopfer** (Daniel). Alphabeth gothique et autre. 2 pièces.

346 **Houve** (Chez Paul de). Satyre roulant sur une brouette le jeune Bacchus.

347 **Jordaens.** La Chèvre Amalthée, eau-forte; petit in-fol. Marge.

348 **Jordaens** (D'ap.). Le Satyre et le Passant; grand in-fol., par *Vorsterman.* Marge.

349 **Laer** (Pierre de). Différents Animaux. Suite de 8 p. (B. 1 à 8). — Les deux Chevaux au pâturage (13). 9 p.

350 **Lebrun** (D'après Charles). La grande Galerie de Versailles, et les deux Salons, dessinés par *J.-B. Massé*, 1752; vol. in-fol., dos et coins veau brun; 52 pl. et texte explicatif; dans un étui.

351 — Jésus servi par les anges sur la montagne. — Combat des Centaures et des Lapites. — Hercule. 3 p.; grand in-fol.

352 **Le Clerc** (Séb.). La Multiplication des pains. Très-belle ép.

353 — Le Serment du marquis de Dangeau à Versailles; in-fol.

354 **Le Sueur** (D'ap.). Alexandre malade; in-fol., *B. Audran*. Belle épreuve. Grande marge.

355 **Leyde** (Lucas de). Baptême de Jésus. Belle ép. de la vente Déflorenne (B, 40).

356 — Caïn tuant Abel (13). — Salomon adorant les idoles (30). — Les Enfants guerriers (165). 3 pièces.

357 **Livens.** Tête d'homme de profil.

358 **Loir.** Cleobis et Biton traînant le char de leur mère; in-fol. Collé.

359 **Manglard,** 1753. Ruines, Paysages d'Italie, Rome, Naples, Florence, etc., 32 eaux-fortes. Belles ép. avant les n^{os}, vol. cartonné, toute marge.

360 **Mantegne.** Les Éléphans, une des pièces du triomphe.

361 **Marc-Antoine.** La petite Peste (B. 417).

362 — La Vierge à l'Escalier. — Alexandre faisant serrer les livres d'Homère. 2 p.

363 — Les Deux Satyres, dont l'un porte une nymphe (305).

364 — La Nouvelle apportée à l'Olympe (241). — Femme debout auprès d'un vase (478). 2 p.

365 — Le Quos ego (352), *ant. sal exc.*

366 **Marc-Antoine** (École de). Psyché emportée dans l'Olympe (B. 5), d'ap. *Raphael.*

367 **Matham.** Andromède, d'apr. *Goltzius;* in-fol. Très-belle ép.

368 **Mauperché.** Petits Paysages à l'eau-forte. 4 pièces.

369 — Saint Jean prêchant, et autres grands Paysages à l'eau-forte. 3 p. Très-belles.

370 I. M. *Israel de Mecken?* Vierge et l'enfant Jésus; grand in-8.

371 **Mellan.** Saint Alexis. — Sainte Geneviève. — Saint Gérôme, 3 p. in-fol. Très-belles ép.

372 **Michel-Ange** (D'ap.). Les Grimpeurs; in-fol.

373 **Miel** (Jean). Le Joueur de cornemuse. — L'Épouilleuse. — L'Homme tirant une épine de son pied. 3 p. Très-belles, avec marge.

374 — Les Batailles du duc de Parme. 3 p.; in-fol. Belles.

375 **Molenaer** (D'ap.). Combat à coups de couteaux, de paysants, composition in-fol. Marge.

376 **Moncornet.** Petits Paysages ovales et autres. 19 pièces.

377 **Moro** (B. del). La Victoire et la Paix s'approchant d'un enfant (B. 34). Très-belle ép. avant B. Franco *fece.* Signée *Mariette, 1668.*

378 **Nielle.** Proclamation de Rome par Romulus. Très-petite pièce. Très-rare.

379 **Nolpe** (P.). Buveur tenant une cruche, ovale. — La Danse. 2 p.

380 **Norblin** Son Portrait, 2 différents, et sujets religieux et autres à l'eau-forte. 9 p. Très-belles.

381 **Ornements** d'orfèvrerie très petits. 9 p.

382 **Ostade** (A. van). Tête de paysan à bonnet pointu (B. 3).

383 — Paysan sonnant du cor (B. 7). Belle.

384 — La Tendresse champêtre (11). Collection *Camberlyn*.

385 — La Poupée demandée (16). Signé 1825.

386 — Le Coup de couteau (18). Belle.

387 — Gueux enveloppé d'un manteau (22). Belle.

388 — La Grange (23). Belle.

389 — La Dévideuse à la porte de la maison (25). Belle.

390 — Les Deux Commères (40). Belle.

391 — Le Charcutier (41). Pièce ronde. Belle.

392 — Le Charlatan (43). Pièce cintrée.

393 — Le Joueur de violon bossu (44). Belle.

394 — La Famille (46). Belle pièce.

395 — La Fête sous le grand arbre (48). Belle.

396 — Petites Têtes (1-2). — Fumeurs (6). — (10). (13), etc. 6 p.

397 — L'École (17). — Harangueurs (19). — Savetier (29). — La Chanteuse (20). — Le Peintre (22), etc. 6 p.

398 P. P. *fe.* Mars dans une niche, tient un sabre de la main droite et la statue de la Victoire sur la main gauche. Superbe ép.

399 **Parmesan.** Le Christ au tombeau, eau-forte. De la Collection *R. Dumenil*.

400 **Penni** (D'ap. Lucas). Vénus blessée par les épines du rosier, par *Gaspar ab avibus.*

401 — Massacre d'hommes à coups de poignard; in-fol., par *Galle*.

402 **Perrin del Vaga** (D'ap). Les Muses et les Piérides; grand in-fol.

403 **Photographies** d'après les Maîtres anciens des musées de Rome, Milan, Venise, Dresde, etc. 41 p.

404 **Pièce historique**. Almanach, 1688. La Sanglante Défaite des Turcs par l'armée impériale commandée par les ducs de Lorraine et Bavière, le duc de Lorraine à cheval au galop, le portrait de Léopold tenu par un ange qui foudroie. Très-grand in-fol. en 2 feuilles jointes.

405 **Poilly** (De). Portail de l'église Saint-Eustache, à Paris; in-fol.

406 **Poussin** (D'ap.). Moïse sauvé des eaux. — Éliézer et Rébecca. 2 p. grand in-fol. par *Rousselet*. Très-belles ép., marge.

407 — Adoration des Bergers. In-fol. par *Avice*.

408 — Saint Jean baptisant Jésus. In-fol. par *Van Somer*.

409 — Saint Paul enlevé jusqu'au troisième ciel. In-fol. par *Chasteau*. Très-belle ép.

410 **Ragot** (Fr.). Ceans l'on prend pensionnaires, etc. : Instructeur de chats musiciens. — Le Borgne portant une aveugle et ils vont à la noce de Pierre Daubarvillier. 2 p. petit in-fol. très-rare, drôlatiques, de la collection de *M. de Choiseul-Praslin*.

411 **Raphaël** (D'ap.). Massacre des Innocents. In-fol. sur bois, colorié.

412 — Sainte Famille. Grand in-fol. — Autre non terminée. 2 p.

413 — Lucrèce. — Sainte Cécile. 2 p.

414 — Le Parnasse. Grand in-fol.

415 **Rembrandt.** Jésus et la Samaritaine (B. 70). Belle.

416 — La Petite Résurrection de Lazare. Belle (B. 72).

417 — Le Dessinateur (B. 130). Belle.

418 — Clément de Jonghe, marchand d'estampes (272).

419 — La Mère de Rembrandt (349).

420 — Saint Jérôme en prière. — Descente de croix au brancart. 2 p.

421 — Le Dessinateur d'après le modèle. — Jésus et la Samaritaine par et d'après. 6 p.

422 **Ribera.** Saint Jérôme étonné de la trompette de l'ange. Superbe ép.

423 — Le Silène à la grosse tonne et la contre-partie. 2 p.

424 **Roghman.** Paysages montagneux à l'eau-forte. 5 p.

425 **Roghmans.** Massacre des Innocents d'ap. *Tintoret*. In-fol. collé.

426 **Roos** (D'ap. H.). La Tonte des moutons et autres. 4 p.

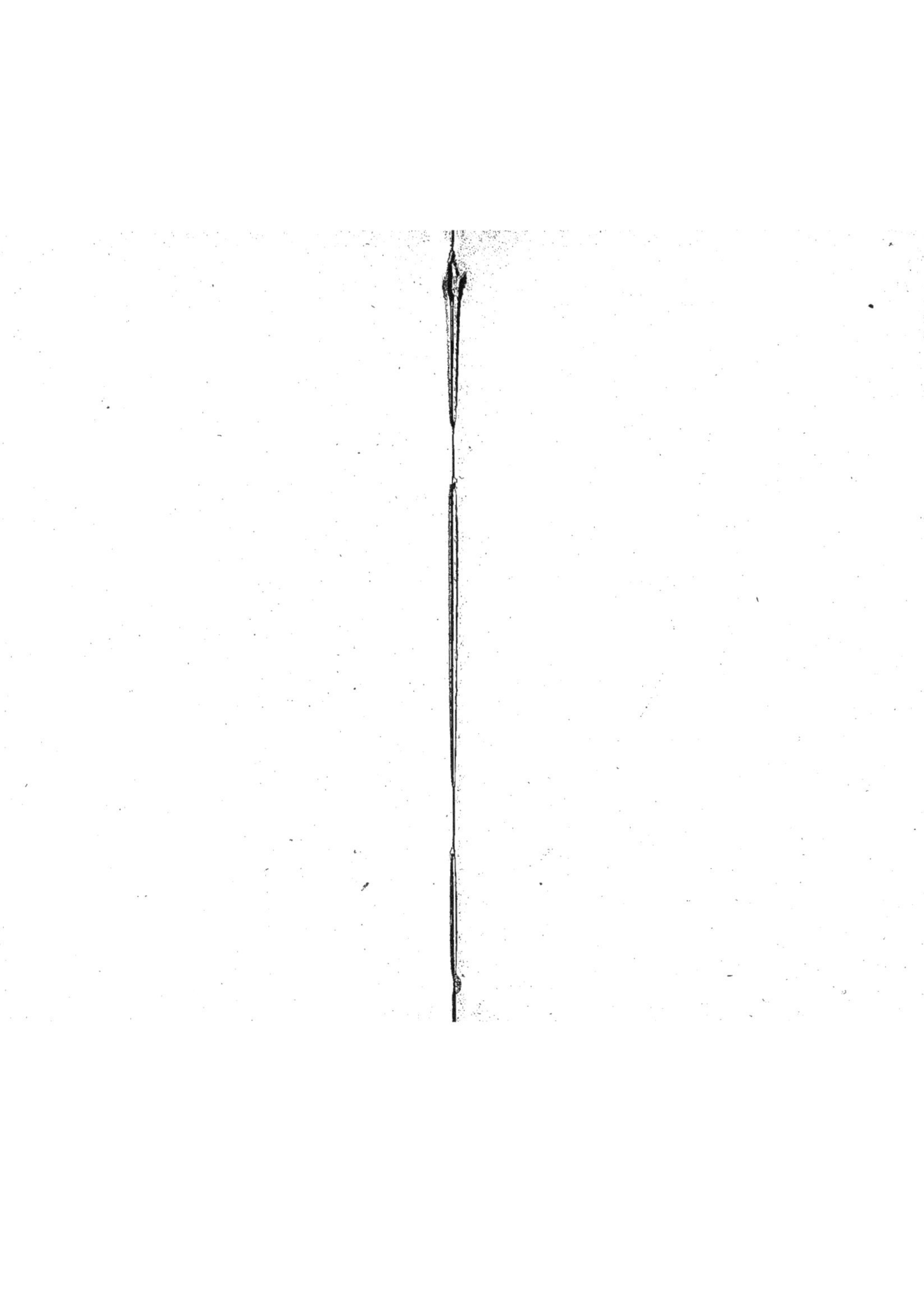

427 **Rossi** et autres. Vues de Rome : le Conclave, le Quirinal, Château Saint-Ange, le Capitole et autres, avec carrosses, costumes de l'époque. 12 p. ; grand in-fol.

428 **Rota** (Martin). Sainte Madeleine en prière. Signé *P. Mariette*, 1668.

429 **Roullet.** La Vierge aux raisins d'après *Mignard*. Grand in-fol.

430 **Rubens** (D'ap. P.-P.). *Christi Funus* : le Christ au tombeau, par *F. Ragot*. In-fol.

431 — Martyre de saint André ; *Jan Dirckx excudit*. Belle ép. in-fol.

432 — La Vierge et l'Enfant Jésus apparaissent à saint François, par *C. Visscher*. Belle ép. in-fol.

433 **Rubens** (D'ap.). Esther et Assuérus, par *Panneels*. Superbe ép.

434 — Annonciation, par *S.-A. Bolswert*. Grand in-fol.

435 — Mucius Scévola. Grand in-fol., par *Marchand*.

436 — Chasse aux Lions. Grand in-fol., par *S.-A. Bolswert*.

437 — Retour de chasse. In-4. Très-belle ép. — Dessin d'une première pensée, pierre d'Italie. 2 p.

438 — Silène ivre. In-fol., par *Soutman*. Très-belle ép.

439 — Silène ivre soutenu par un satyre et un silvain, par *Bolswert*. In-fol.

440 — Triomphe de Silène. Grand in-fol., par *Popels*.

441 — Les Trois Grâces. In-fol., par *P. de Jode*.

442 **Rubens** (D'ap.). Soldats faisant tapage, par François van den *Wyngaerdt*, avec un dessin, première pensée, esquisse au bistre.

443 — Galerie du Luxembourg par Benoist, Duthé, etc. 20 p. coloriées, plusieurs avant la lettre.

444 **Sadeler**. Annonciation. In-fol. signé *Mariette*, 1667.

445 — Cinq démons tourmentant un homme. In-fol., d'ap. *Palma*.

446 — Hercule filant auprès d'Omphale. In-fol. d'ap. *Spranger*. Belle ép.

447 — Minerve domptant l'Ignorance. In-fol. d'ap. *Spranger*. Belle ép.

448 **Saenredam**. Batavis, Marchand et Marchande, d'ap. *Goltzius*. Très-belle ép.

449 — Diane découvrant le malheur de Calisto, d'ap. *Goltzius*. Petit in-fol.

450 **Sarte** (André del). Sainte Famille. In-fol. Très-belle ép.

451 **Schut** (C.). Vierge Jésus et saint Jean entourés d'anges. Belle eau-forte; grand in-4.

452 **Sichem** (Van). L'homme au gant. Bois d'ap. *Goltzius*.

453 **Sompel**. Ixion et Junon. In-fol. d'ap. *Rubens*. Très-belle ép.

454 **Soutman**. Arrestation de Jésus, d'ap. *Van Dyck*. Petit in-fol.

455 — Jupiter et Antiope. Petit in-fol.

456 **Stephanus.** Très-petites statues dans des niches, 6. — Un Cavalier, etc. 8 p. Très-belles ép., collection A. T.

457 **Suyderhoef**, Augustus : Faucheur, d'ap. *Sandrart.*

458 **Teniers.** Le jeune et le vieux Fumeur. 2 p., de la collection *Visscher*, collées.

459 **Testa** (P.). Didon sur le bûcher. Très-belle ép. in-fol., eau-forte pure.

460 — Sujets religieux, de l'histoire ancienne, Bacchanale, etc. 16 p. très-belles.

461 **Tiepolo.** Statues de sphinx, armes antiques, etc. 2 p. superbes.

462 **Titien** (D'ap.). Andromède. In-fol. Très-belle ép.

463 — Le Troupeau en marche. In-fol. Très-belle ép. signée *Mariette*, 1662.

464 — Berger jouant de la flûte devant le troupeau en marche, signé deux fois *Mariette*, 1666.

465 **Uden** (Lucas van). Petit Paysage, au fond à droite un clocher (B. 17), avant le nom.

466 — Village sur le bord d'un ruisseau (B. 59). Petit in-fol. d'ap. *Rubens.*

467 **Velde** (J.-V. de). Histoire de Tobie. 3 p. belles.

468 — Le Coucher de soleil et 3 petits Paysages. 4 p. belles.

469 **Verff** (D'ap. V. der). La Madeleine pénitente. Grand in-fol. avant toute lettre.

470 **Véronèse** (D'ap. P.). La Femme de Pilate intercède pour le Christ, par *H. Winstanley*, 1728. Belle ép. in-fol.

471 — L'Homme entre le Vice et la Vertu. In-fol. avant la lettre. — Le même sujet, par *de Launay*. 2 p.

472 — Le Dégoût. — Enlèvement d'Europe. 2 différentes compositions. 3 p.

473 **Villamena**. Les Armes d'un Pape. In-fol. signé *Mariette*, 1690. Belle ép.

474 **Visscher** (C). *Vivitur parvo bene* : Buveuse et deux Buveurs, d'ap. *Ostade*. Grand in-4, belle ép.

475 — Intérieur flamand. Le Patineur. In-fol.

476 **Vliet** (Van). L'Ouïe. Quatre hommes dont deux font de la musique. In-4 (Cl. 28).

477 **Vuibert** (Remy). Adam et Ève, d'ap. *Raphaël*.

478 **Woeiriot**. La Femme d'Asdrubal se précipitant dans le bûcher (R. D. 206). Ép. grande marge.

479 **Wouwermans** (D'ap.). Le Port au foin. — L'Écurie de la Poste. 2 p. in-fol., par *Moyreau*. Très-belles ép.

480 **Wolfgangus**, orfèvre. Vierge et Jésus adorés par Ludovicus, abbé, *anno Domini* 1500. La plaque de métal de laquelle on a tiré cette épreuve porte des marques de clous ; devait être une porte de tabernacle.

481 **Zeeman**. Pescheurs qui sau vont pour pescher. B. 7 (*sic*).

ESTAMPES MODERNES

482 **Anselin.** Le premier homme et la première femme, d'ap. *Le Barbié*, l'aîné. Belle ép. in-fol., lettre grise, marge.

483 **Chatillon** (Gravé sous la direction de H. G.). La Vierge aux poissons, d'ap. *Raphaël*. In-fol.

484 **Duclaux**, de Lyon. Le Ruisseau au troupeau en repos. Eau-forte pure avec des essais de pointe dans la marge. Rare.

485 **Gérard** (D'ap. F.) Corinne au cap Mécène, par *L. Prévost*, avant la lettre; a été encadrée.

486 **Géricault.** Études de chevaux, de maîtres, de campagnes, etc. 5 p.

487 **Jazet.** La Devise: François Ier et sa sœur, d'ap. *Bonington*. Manière noire. In-fol.

488 **Lignon** (F). Le Prince d'Orange, d'ap. *J. Odevaere*; avant la lettre. Grand in-fol. en pied. Belle ép., marge.

489 **Massard** (Raphaël-Urbain). Sainte Cécile, d'ap. *Raphaël*. In-fol.

490 **Méryon** (C). La Pompe Notre-Dame, 1852. Belle ép., grande marge.

491 **Morghen** (Raphaël). La Peinture, d'ap. *G. Hamilton*. In-fol., marge.

492 — Sainte Famille. d'ap. *Rubens*. — Thésée, vainqueur du Minautore, statue de *Canova*. 2 p in-fol.

493 **Pigeot.** Prière à Vénus, d'ap. *G. Nescher*, In-4. Belle ép.

2 494 **Posselwhite.** Méditations (Les Filles d'Ève), d'ap. *Vidal.* — La Belle Chocolatière, d'ap. *Liotard.* 2 p. in-fol.

3.50 495 **Prudhon.** Amours de Phrosine et Mélidor. In-4. Belle ép.

1 496 — (D'ap.). Abrocome e Anzia; in-8. — Le Berger découvrant Daphnis allaité par une chèvre; 2 p. par *Roger.*

Vig. 2 497 — Naufrage de Virginie, par *Roger.* — Même sujet contre-partie lithog. 2 p. in-8. Libonschus 6

1 498 **Raffet.** Tatars sortant de la mosquée. Lith. in-fol.

10.50 499 **Rainaldi** (Fr.). La Cène, d'ap. Léonard *de Vinci.* In-fol.

Vig. 6 500 **Schultz.** (C. G.). L'Amour, les yeux bandés, entre une femme ailée et une autre assise sur une bête féroce, d'ap. *Jordano.* Très-belle ép. in-4, marge. C. 25

Vig. 13 501 — La Madeleine, d'ap. *P. Battoni,* avant la lettre. In-fol. Michel 35

2.50 502 **Varin** (P.-A.). Les Moissonneurs dans les Marais-Pontins, d'ap. *Léopold Robert.*

1.50 503 **Verboeckhoven** (Eugène). La Rentrée à l'écurie. Eau-forte, petit in-fol.

4.50 504 **Veyrassat,** 1856. La Famille du menuisier, d'ap. *Rembrandt.* In-fol. sur chine, marge. Eau-forte.

3 505 **Vischer** (P.). Paysages divers. 8 p. à l'eau-forte.

PORTRAITS

506 **Alix**. Helvetius. — Pie VII. 2 p. en couleur.

507 **Daret** (Chez). Marie de Médicis. Ovale in-8.

508 — (Petrus) Sculpsit, 1643. Louis XIII à cheval. Petit in-fol.

509 — Anne d'Autriche régente avec Louis XIV enfant et son frère. Belle ép. in-fol.

510 **Daullé** (J.). M. de Gauffecourt ledit Landriry, d'ap. *Nonnotte*.

511 **De Marcenay**. Le comte de Berg, d'ap. *Van Dyck*. Avant toute lettre.

512 **Denon**. Son Portrait, avec les Statues égyptiennes, d'ap. *Ramberg*. In-4. Belle ép.

513 **Desnoyers** (A.). Le Roi de Rome, d'après *F. Gérard*. Belle ép., toute marge. — Autre par *John*, 1815, d'ap. Benner. 2 p.

514 **Devaux** (R.). Gérard Edelinck, d'ap. *J. Tortebat*. Petit in-fol.

515 **Drevet** (Petrus), 1723. Bossuet, en pied, d'ap. *H. Rigaud*. Grand in-fol.

516 — Ludovicus dux Aurelianensium, d'ap. *Car. Coypel*. In-4.

517 **Dyck** (D'ap. Van). Franciscvs Snyders. Eau-forte de van Dyck terminée par *Jac. Neeffs*.

518 — Pavlvs de Vos. Eau-forte de van Dyck terminée par *Bolswert*.

519 **Dyck** (D'ap. Van). B. Gerberius. — G. Gevartivs. — J. de Nassau. — Th. Rombovts. — G. Segers. — Simon de Vos. 6 p. par *Paul Pontius.*

520 — Johanna de Blois, par *P. de Jode.* — Margareta Lemon. — J. de Wael. 2 p. par *A. Lommelin.* — J. de Cachiopin. — C. Sachtleven. — C. Schvt. 3 p. par *Vorsterman* et autres. 9 p.

521 **Edelinck** (G.) Evaristus Gherardi (R. D., 214), d'ap. *J. Vivien.* In-8.

522 — Philippe V d'Espagne, à cheval. (295, 1er état.)

523 — Nicolas Pinette (297, 1er état). Très-belle ép.

524 **F. H.** Magnvs. Ille. Erasmvs Roterdamvs. Bon portrait, in-fol.

525 **Ficquet.** Maintenon, d'ap. *Mignard.*

526 **Galle** (C.). Johannes Decker, avec figures allégoriques. Belle ép.; petit in-fol.

527 **Gaucher** (C.-S.). Fénelon. Très-joli petit ovale. Sur le titre : les Aventures de Télémaque, Paris, Ant. Aug. Renouard, 1795.

528 **Goyrand** (Cl.). Jacqves Dv Lorens, 1644, d'ap. *Aug. Quesnel.* Très-belle ép.; in-4.

529 **Hainzelman** (J.), 1683. Clavde Le Peletier. Très-belle ép.; in-4.

530 **Jode** (P. de). Clara-Clementia-Lvdovici Bourbon-Condé. Grand in-8.

531 **Lasne** (Michel). Strozzi, d'ap. *Simon Vouet.* In-8.

532 — Andreas Dvvallivs, professeur de théologie. In-fol. Belle ép.

533 — François Qvesnel, premier peintre du roy Henry IIIe, aagé de 73 ans, 1616. In-fol., d'ap. lui-même.

534 **Lefèvre** (Ach.). Le comte de Paris enfant sur les bras de sa mère, en pied, d'ap. *Winterhalter*. In-fol.; belle ép.

535 **Lombart** (P.). Gabriel Chassebras. Belle ép., in-fol.

536 **Marillier** (D'ap.). Henri IV le Grand, par *Duhamel*. — Sully, par *Lebeau*. 2 p. in-8. Toute marge.

537 **Melini** (Charles-D.). Les Enfants du roy de Sardaigne, d'ap. François *Drouais* le fils. In-fol.

538 **Michel** (J.-B.). Henri-Louis Lekain, rôle de l'Orphelin de la Chine, d'ap. J.-G. *Huquier* fils. Très-belle ép., in-fol.

539 **Moncornet** *ex.* Henri III. — Louis XIII. — Anne d'Austriche. 3 p. octognes, in-4.

540 **Mul** (J.). Hadrianvs Marivs. Joli p. in-12.

541 **Nanteuil**. François de Clermont-Tonnerre (R. D. 68, 3e état du tome XI). Sans marge.

542 — Ch. d'Orléans, comte de Dunois (86).

543 — Michael le Masle (126, 1er état). Belle ép.

544 — C. Maurice Le Tellier (138).

545 — J.-B. van Steenberghen (226, 3e état). Marge.

546 **Noël** (Léon) et *H. Grevedon*. Louis-Philippe Ier. — Marie-Amélie.— Duc, Duchesse de Nemours. — Prince, Princesse de Joinville. — Duc de Montpensier. — Comte de Paris (enfant). — Duc de Chartres (enfant). — Léopold, roi des Belges. — Louise-Marie d'Orléans, sa femme.— L.-Aug.-Victor de Saxe-Cobourg. — Mme Adélaïde d'Orléans. 15 p. lith., gr. in-fol., en pied. Belles ép.

547 **Pannier**. Louis-Philippe Ier, d'ap. *Winterhalter*. Chef-d'œuvre de gravure. Superbe ép. in-8, avant la lettre, sur chine, marge. Petit in-fol.

548 **Pradier** (C.-S.). Murat, d'ap. *Gérard*. In-4, avant la lettre.

549 **Prieur**. La Reine (Marie-Antoinette) à la Conciergerie, tiré du cabinet de M. l'abbé Carron. In-4.

550 **Ribault** (J.-F.). Marie-Louise, d'ap. le buste de *Bosio*. Avant la lettre. Marge.

551 **Saint-Aubin** (Aug.). Deodat de Dolomieu. In-8. Toute marge.

552 — J.-R. Perronet. In-fol.

553 **Sergent** (D'ap.). H. de la Tour-d'Auvergne, vicomte de Turenne, par *Ridel*, 1786. En couleur.

554 **Suyderhoef** (J.). Frédéric III, d'ap. *P. Soutman*. Très-belle ép. in-fol.; entourage de trophées guerriers.

555 — Johannes Cocceivs, d'ap. *J. de Vos*, 1652. Petit in-fol.

556 — J. Maestertius, d'ap. *N. Van Negre*. In-fol.

557 **Thomassin** (S.-H.). André Hercules, cardinal de Fleury, et Diogène. Grand in-fol.

558 **Toschi** (P.). Le Duc de Cazes, d'ap. *Gérard*. Très-belle ép. in-fol., avant la lettre, avec les noms d'artistes à la pointe et nombreux essais de pointes dans la marge.

559 **Voyez**. Marie, Adélaïde, Clotilde, Xavière de France (Madame), d'ap. *Fontaine*. Belle ép., grand in-8.

560 **Will** (J.-G.), 1744. Joseph Parrocel, d'après *H. Rigaud*. In-fol. Très-belle ép., toute marge.

561 **Ecole anglaise**. Charles de Brunswick et sa femme, et autres. 4 p. manière noire.

562 ***Cadoudal*** (George), dit Larive, dit Masson, en pied, chez Martinet, colorié; — par *Gautier*, Fac simile d'autographe, 23 février 1800. 3 p.

563 ***Henri II***. Ovale dans un portique, avec texte allemand. Petit in-fol.

564 ***Necker*** (M.), Ministre d'Etat, directeur général des finances, assis. In-4 en couleur.

565 ***Nelson*** (Lord). Ovale dans des trophées d'armes surmontant la vue de la victoire du Nil, avec texte anglais. In-fol.; belle ép.

ÉCOLE DU XVIIIE SIÈCLE

566 **Anonyme**. Vue du Palais de justice de Rouen avec Jésus chassant les vendeurs du Temple. Pièce curieuse. In-fol. avant toute lettre.

567 — Bal du May donné à Versaillés pendant le Carnaval de 1763, ordonné par M. De La Ferté. Charmante composition, nombre de personnages costumés.

568 — Cartouche allégorique pour le billet d'enterrement d'un personnage anglais. Eau-forte pure. Très-belle ép.

569 **Ardell** (J.-M.). La Famille de Rubens. Manière noire. In-fol. d'ap. *Rubens*.

570 **Aubry** (D'ap.). La Bonté maternelle, par *Blot*. Belle ép. in-fol. Marge.

571 — Les Adieux de la Nourrice. Très-belle ép., gr. in-fol.

572 **Beauvarlet.** Télémaque dans l'île de Calypso, d'ap. *J. Raoux*. Grand in-fol.

573 **Bénard** (D'ap.). Le Gage de l'Amitie, par *E. Danzel*. In-fol. en travers.

574 **Bertin** (D'ap. N.). Diane envoie une biche à la place d'Iphigénie, par Marie *Horthemels*. In-fol., très-belle ép.

575 **Boilly** (D'ap. L.). Les Conseils maternels. — L'Evanouissement. 2 p. in-fol. par *Tresca*, coloriées.

576 — Le Bouquet chéri, par *Al. Chaponnier*. Grand in-fol.

577 **Boissieu**, 1773. Le Charlatan. Ancienne et belle ép., papier vergé.

578 **Bonnet** (Louis). Tête de jeune Femme, *Clément fecit*. Gr. in-4, sanguine.

579 **Bonnet.** La Bonne Mère. — Les Enfants chéris. 2 p. in-fol. en couleur, d'ap. *Lagrenée*.

580 **Boucher** (D'ap. F.). Femme de Boulogne, par *F. Ravenet*. — Le Petit Ménage, par *Huquier* fils.

581 — La belle Cuisinière. — L'Heureux Age, par *Ravenet* fils. 2 p. petit in-fol.

582 — La Marchande d'œufs, par *J. Daullé*. Belle ép.

583 — Le Soir, la dame allant au bal, par *Petit*. Très-belle ép.; petit in-fol.

584 — La Marchande de Modes, par *R. Gaillard*. In-fol.

585 — Le Sommeil interrompu, par *Beauvais*. In-fol.; belle ép.

586 — Berger parant sa bergère. — Berger offrant des raisins à sa bergère. 2 p. in-fol. Très-belles ép.

587 — Pan et Syrinx, par *Pitre Martenasie*.

588 **Br.** *Sculp, S. pri. Reg.* — Le grand Thomas en son académie d'opérations (sur le Pont-Neuf, près la statue de Henri IV) ; arracheur de dents célèbre. Pièce très-curieuse. In-fol.

589 **C. L. C. R. P.**, 1768. Le Marché de Femmes esclaves sur le quai d'un port de mer. Gracieuse composition.

590 **Canu**. Buste de jeune Femme. Ovale en couleur, avant toute lettre.

591 **Cardon** (A). The virgin, infant Jésus and saint Joseph, d'ap. *A. Van der Werf*, en couleur. In-fol.

592 — La même, en noir. Avant le titre. Très-belle ép. Marge.

593 **Caresme** (D'ap. P.-H.). La Joyeuse Orgie, par *A. Hemery*. Belle ép.; in-fol.

594 **Carmontelle** (D'ap. L.-C. de). La malheureuse Famille Calas, par *Delafosse*.

595 **Casale** (Andreas). Le roi Édouard, martyr. Belle eau-forte avant toute lettre.

596 **Challe** (D'ap.). Le Repos interrompu. Sujet gracieux. In-fol., par *Vidal*.

597 **Chodowiecki.** Scènes de Candide de Voltaire, nos I, II, III, V. 4 p. in-8.

598 — Les Effets de la sensibilité sur les quatre différents tempéraments. In-8.

599 **Choffard** (P.-P.). Encadrement orné avec armoiries au bas, pour le portrait d'un personnage portugais. Très-belle ép. d'eau-forte pure. In-fol.

600 **Cochin** filius (D'ap.). L'Adolescence, par *G.-F. Schmidt*. Gr. in-4 en travers.

601 **Copia.** Le Maréchal-Ferrant vendéen, d'ap. *Sablet* jeune, avant la lettre.

602 **Courtin** (D'ap. Jac.) Un tendre sentiment, un amoureux transport, ... — Si jamais vous pouvez bien accorder ensemble ... — 2 p. petits in-fol. Très-belles ép. toute marge.

603 — Ce petit écureuil ... — L'Amant magnifique, et la Belle Danseuse, par *M. Aubert*. — 3 p.

604 **Coypel** (D'ap.). Eléazar et Rébecca. In-fol. par Pierre *Drevet*.

605 — Esther et Assuérus, par *J. Audran*. Belle ép. Grand in-fol.

606 **Danloux** (D'ap.). Il m'a tiré les oreilles. — Tant mieux ! C'est bien fait ! — 2 p. petits in-fol. par *Perré*.

607 **Debucourt** (Peint et gravé par). Ils sont heureux. In-fol. en bistre.

608 — (Genre). Anglais à cheval. Sans marge.

609 **De Mare** (J.). Étude du dessin d'après la bosse, d'ap. *P. Van de Werf*. Très-belle ép.

610 **De Non** (D. V.). L'Adoration des Bergers, d'ap. *Luca Giordano*. Belle ép. in-fol.

611 **Dietricy** 1756. L'Enfant prodigue acceptant la garde des pourceaux. Très-belle ép.

612 — 1739. Le Satyre et le Passant. Belle ép. marge. In-fol.

613 — 1740. Le Marchand de mort aux rats. Très-belle ép. Toute marge. In-fol.

614 **Dol** (Chez). La douce Ivresse. — Les tendres Vœux. — 2 p. in-4° gracieuses.

615 **Du Bos** (M. Jeanne Renard). Vous pensez, belle Iris, d'ap. *Rosalba*, avant toute lettre.

616 — Philis, lorsqu'à nos yeux ce lapin tu caresses... Belle ép. in-4°. Toute marge.

617 **Duchange** (Gasp.) 1711. Léda et le cygne. In-fol.

618 **Dugoure** Charmants panneaux arabesques ornés de nymphes, amours, cygnes, etc. ; la Terre, l'Eau, Vénus, Mars. 4 p. belles ép.

619 **Du Mesnil** (D'ap.). Belle, quel est votre dessein? Pourquoy cette aiguille à la main?... par *Ch. Du Puis*, Belle ép.

620 — La Fainéante, par *Ch. Letellier*.

621 **Duplessis-Bertaux**. Scène dans la grande salle de l'Hôtel-de-Ville sous la Révolution. Eau-forte pure.

622 **Eisen** (D'ap. Ch.). Conversation pastorale (?), par *Louis Legrand*. Avant la lettre.

623 **Fragonard** (H.) (?). Bacchante et jeune Satyre. Jolie eau-forte avec des travaux à la plume.

624 **Fragonard** (D'ap.). S'il m'étoit aussi fidel, par *Dennel*. In-fol.

625 — L'Instant désiré. — Le Refus inutile, par *F. Flipart*. — 2 p. petit in-fol.

626 — Le Contrat, par *Blot*. In-fol.

627 **Freudeberg**. Le Petit jour, par *N. de Launay*. In-fol.

628 **Gallays** (Chez). Louis XV jeune se faisant promener dans les Tuileries sur une petite voiture à 3 roues. Vue du Château. — Son cortége sur le Pont-Neuf. — 2 p. en 3 feuilles chacune, collées sur toile. Très-grand in-fol.

629 **Giboy** (Alexandre). Entrée de Henri IV dans Paris, le 22 mars 1594, d'après un tableau ayant appartenu au célèbre Rosny, ministre de ce grand roi. In-fol. colorié, marge.

630 **Gillot** (C.). L'Éducation. — Les Obsèques, 2 p. in-fol.

631 — (D'ap.). Le Buffet, charmante pièce avec entourage de fruits. — Panneau d'ornements non terminé, avec trois figures. — 2 jolies p. in-4°.

632 **Godineau** (H.), 1756. Le Savoyard réveillé, d'ap. *Chantreau*. Belle ép. — L'Écolier, d'ap. *Dumênil*. — 2 p. in-fol.

633 **Grangeret** (D'ap.). Le Réveil tardif. — La Vengeance des nymphes. — 2 p. in-fol. par *de Monchy*. Sujets gracieux.

634 **Grateloup** (J.-B.). L'Espagnolette, d'ap. *Grimou*; petit ovale in-12.

635 **Greuze** (D'ap.). Le Jeune garçon au gros chien, par *C.-G. Schultze*. In-4.

636 — Le Repentir, par *Moitte*. In-fol.

637 — La Cruche cassée, par *J. Massard*. In-fol.

638 — Les Soins maternelle, chez *Beauvarlet*. In-fol.

639 — Le Geste napolitain, par *P.-E. Moitte*, 1763. In-fol.

640 — Le Gâteau des rois, par *J.-J. Flipart*, 1777. In-fol.

641 **Guyot** *direx*. 1re et 2e Bataille, d'ap. *Larue*. 2 p. in-4. en travers, en couleur.

642 **Hallé** *pinxit et sculpsit*, 1771. Adoration des bergers. Très-belle ép. in-fol. marge.

643 **Hubert**, 1765. La Nouvelle Héloyse, d'ap. *Le Febvre*. Belle ép. in-fol.

644 **Huet** (Par. J.-B.). Bacchante dansant. — La Rosée, — 2 Charmants sujets de femmes entourées d'amours. Jolies eaux-fortes, in-4.

645 — (D'ap.). L'Amant pressant, par *A. Legrand*, en noir. In-fol.

646 — La Basse-Cour, *Bonnet* direxit (no 286). Grand in-4, retouché de sanguine.

647 — Le Départ d'une foire, par *Jubier* (no 732). Grand in-4. en couleur,

648 — L'Amour offrant des présents à Arianne, *Bonnet* direx. Gracieuse composition en couleur ; petit in-fol.

649 — Vue intérieure d'une ferme, par *Mattet*. In-fol. en couleur.

650 — Études d'animaux à la sanguine. 6 p.

651 **Janinet** (Chez). Prise de la Bastille. Gr. in-4. en couleur.

652 — Scènes de tabagie flamandes. 2 p. en couleur, in-4, d'ap. *A. van Ostade.*

653 **Jeaurat** (D'ap.). La Belle Rêveuse, par *R. Gaillard.* In-4.

654 — Le Maître d'école. Belle ép. avant toute lettre.

655 — L'Éplucheuse de salade, par *Beauvarlet.* — La même, contre-partie, par *Lermade.* Belle ép. 2 p. in-fol.

656 — La Muse Uranie, par *J. Daullé.* Belle ép. in-fol. marge.

657 — (Par E.). Télémaque dans l'île de Calypso, d'ap. *N. Vleughels.* In-fol.

658 **Julien** (D'ap. S.). Bonjour, ma mère, dit l'Amour à Vénus couchée; par *L. Julien*, son neveux. Belle ép. in-fol. marge.

659 **Keating** (George). A Boys School. — A Girls School. — 2 p. in-fol. d'ap. *Pasquilini.*

660 **Krause** (D'ap.). Le Goûté rustique, par *Halm.* Belle ép. in-fol. marge.

661 **Lavreince** (D'ap. N.). Le Billet doux, par *N. de Launay* (Em. Bocher. 10). Belle ép. ~~lettre grise.~~

662 — Le Mercure de France (E. B. 38.).

663 — L'Assemblée au salon (E. B. 6).

664 **Le Bouteux** (D'ap.). Le Berger curieux, par N.-J.-B. de *Poilly.* Belle ép. in-fol.

665 **Le Carpentier** (C.). Adoration des Mages, d'ap. *Doyen.* Très-belle ép. in-fol. cintré.

666 **Le Clerc** (D'ap.). La Vielleuse, par *Ionst.* — La même : Cicillia. — Le Joueur de musette. — 3 p. in-4.

667 **Le Grand** (A.). Le Marchand d'opiat, d'ap. *Girardow.* In-fol. en couleur.

668 **Le Moine** (D'ap.). Mortel, fuiez loin de ces lieux... : femme entrant au bain, par *L. Jacob.*

669 **Le Noir** (François). L'Amour vaincu par l'Avarice. — Première entrevue de Henri IV et Gabrielle d'Estrées. — Le Nouveau-né, avant toute lettre. — 3 p. rondes, in-fol. Belles ép. marge.

670 **Lépicié** (D'ap.). La Famille du menuisier; avant toute lettre.

671 **Le Seurre de Mussey.** La Garde fidèle : bergère entrant se baigner dans un ruisseau et gardée par son chien. Très-jolie p. in-4.

672 **Le Vasseur** (C.). Le Satyre amoureux, d'ap. *Mettay.* In-fol.

673 **Le Veau** (J.-J.). L'Amant curieux, d'ap. P.-J. de *Loutherbourg.* In-fol.

674 **Marillier** (D'ap.). Offrande à Vénus ou la Victime agréable, par *de Ghendt.* Gracieuse composition.

675 **Marin** (L.). Les Regrets inutiles : mère tenant son jeune enfant, d'ap. *Bounieu,* in-4, en couleur.

676 **Masquelier** le jeune (J.). La Rose perdue.

677 **Meyer** (D'ap.). Nannette effrayée, par *H. Guttenberg.* Belle ép. petit in-fol. marge.

678 **Moitte** (D'ap.). L'Écueil de l'innocence, par *Deny*. In-fol.

679 **Moitte** filius (F.-A.). Récréation de la table, d'ap. *J. Jordans.*

680 **Monnet** (D'ap.). Le Roi d'Éthiopie abusant de son pouvoir, par *Vidal.*

681 **Moreau** le jeune (J.-M.). La Coupeuse d'ongles, d'ap. *Rembrandt.* In-fol.

682 — Tombeau de J.-J. Rousseau.

683 — (D'ap.), Sépulture de Jésus, par *Simonet.* — Scène de la musique de Rousseau. — 2 p.

684 — L'Heureuse mère, par *Helman.*

685 **Natoire** (D'ap. C.). Adam et Ève chassés du Paradis, par *J.-J. Flipart.* In-fol.

686 **Nelsal** (G.). Bachelors Fare (la Vie des bacheliers). Composition gracieuse, in-fol. coloriée.

687 **Nique** (Chez). La Lanterne magique, la pièce curieuse. In-4. Belle ép.

688 **Ozanne.** Le Coche. Très-jolie p. in-8, sans marge. Cette voiture d'osier était à cette époque la diligence.

689. **Park** (Th.). The Mouse trap : Mère et ses enfants, un garçon tient une souricière qu'il présente à trois chats, manière noire. Grand in-fol. d'ap. *Huch.*

690 **Parrocel** (D'ap. Ch.). Chasse au tigre, par Louis *Desplaces.* Belle ép. in-fol.

691 **Picart** (Par B.), 1704. La Musique offrant ses œuvres à un jeune prince qui tient les armes d'Orléans, d'ap. *de La Fosse.* In-fol.

692 — (D'ap. et terminé par). Renaud et Armide, par *F. Chereau*. In-fol.

693 **Pièces en couleur.** Jolie tête et buste de femmes imitant l'aquarelle. 2 p. montées en dessin.

694 **Pièces historiques.** Pièces très-curieuses sur Law, Messire Quinquanpoix; la Masquarade, etc. 4 p. rares.

695 — Alterius Samsonis vires. — Canis infandi rabies. 2 p. In-8. rares.

696 — Grands envoyés extraordinaires, Chabroud, Bouche. Belle pièce rare.

697 — Le Mea culpa du Pape, mars 1797. Belle pièce en bistre, rare.

698 — La Fée patriote. Petit in-fol. rare.

699 — Dernier effort des Jacobins, l'Ane Pethion, ovale. Belle pièce rare.

700 — Pethion. « Je suis entre le peuple et la loi, » ovale en bistre. Belle pièce rare.

701 — Les Jacobins lavent leurs confrères. Belle pièce rare.

702 — Suppression des Parlements, Mirabeau, Révolution de Bruxelles, etc. 5 p.

703 **Pierre** (D'ap.). Le Voiage, par *C.-N. Cochin*. Très-belle ép. gr. in-4.

704 **Pillement.** Balançoire à Rambouillet, Cascade à Dampierre. Deux sujets sur la même feuille, dessiné par *Bettini*. Belle ép., rare.

705 **Pujos** (D'ap.). L'Égrugeoire, par *Mart*. In-4.

706 **Punt** (J.), 1759. Caroline et Charlotte-Frédéric d'Orange dansant, à Amsterdam. In-fol.

707 **Queverdo** (D'ap.). L'Occasion favorable. In-fol. par *Duhamel*.

708 — Les Aveux sincères ou les Accords de mariage, par *Martini*. In-fol., marge.

709 **Raoux** (D'ap. J.). La Jeunesse, par *J. Moyreau*. In-fol.

710 **Roslin** (D'ap.). La Flore de l'Opéra, *Basan excudit*. In-4.

711 **Saint-Aubin**. Comptez sur mes serments. Avant la lettre, marge.

712 **Santerre** (D'ap.). Cette belle avec un compas... par *Bricart*. Très-belle ép. in-4.

713 **Schall** (D'ap.). La Saison des Amours. Ép. d'eau-forte pure.

714 — Le Gascon puni (contes de La Fontaine), par *Laindor*, de Toulouze. In-fol.

715 — Émile, vainqueur à la course, par *Vonel*. — Le Ruisseau, par Aug. *Le Grand*. 2 p. in-fol., coloriées.

716 **Schenau** (D'ap.). Le petit Espiègle, avant toute lettre. In-fol.

717 — L'Innocence vengée, par *Mesnil*. In-fol.

718 — Metrina fallax, par *Schwab*. In-fol.

719 — La Portraiture, par *J. Ouvrier*. In-fol.

720 **Schmidt**. Portrait d'un jeune seigneur (Claussin 19). Épreuve avant, *du cabinet de M. le comte de Kanke*. De la plus grande rareté.

721 **Sicardi** (D'ap.). Le petit Gourmand pris en défaut, par *Mécose*; noir et colorié. 2 p.

722 **Sicardi** (D'ap). Mirate che bel visino, en couleur. — Voyez le joli minois, en noir. — Chiama col canto i cuori, en couleur. — Sa Mélodie charme les cœurs, en noir. 2 sujets en 2 états. 4 p. in-4 par *Mécou.*

723 **Strange.** Cupido. In-fol.

724 **Tangé** (P.). L'Arsenal de Vénus, d'ap. *T. Van Fulden.* Belle ép. in-fol.

725 **Tardieu** le jeune. L'Étude au village. Belle ép. in-4.

726 **Théolon** (D'ap.). Invocation à l'Amour, par Carl *Guttenberg.* In-fol.

727 **Tournay** (Cl.). Vous aimés cet oiseau, charmante et jeune Hortense... Caresser une poule, ah! quel amusement... 2 p. in-8. Très-belles ép., toute marge.

728 **Vanloo** (D'ap. C.). Apothéose d'un saint pape, plafond; gr. in-fol. avant la lettre, par *J.-B. Lorraine*, 1770. Belle ép.

729 **Vernet** (D'ap. J.). Les Pêcheurs des Monts Pyrénées, par *J.-J. Le Veau.* — La Source abondante, par *J.-P. Le Bas.* 2 p. in-fol.

730 **Vien** (D'ap. J.). Sous la main d'Aglaé, la fleur renaît plus belle..., par *Joseph Marchand.* Belle ép. in-4.

731 **Villeneuve** (De). Coq des porcherons, d'ap. *J. Courtalon.* Ovale in-8, bistre.

732 **Voyez** le jeune. La Tourterelle chérie, d'ap. *Mademoiselle Castellas.* Très-belle ép. in-fol.

733 **Wachsmuht** (M.). Monseigneur le dauphin labourant. Pièce curieuse, in-fol. Belle ép.

734 **Watelet**, 1775. Jeune Dame tenant son petit chien. Joli petite eau-forte in-8, marge.

735 **Watteau** (D'ap.). Femme assise (68) : 1er état, le fond blanc ; 2e état, avec le banc de pierre et le vase en ruine. 2 p. par *Boucher*, à l'eau-forte.

736 — L'Acteur Poisson assis. — Intérieur de parc, avec fontaine et statue. 2 p.

737 — La Chute d'eau, par *J. Moyreau*. In-fol.

738 — La Revanche des paysans, *H. Baron* ex. In-fol.

739 — Camp volant, par *N. Cochin*. In-fol.

740 — Retour de campagne, par *N. Cochin*.

741 — Escorte d'équipages, par *Cars*. Très-belle ép. in-fol.

742 **Wicar.** Aux Défenseurs de la patrie : serment des défenseurs de la redoute de Montencsino. Eau-forte, petit in-fol.

743 **Wille** (J.-G.). Les Offres réciproques, d'ap. *Dietricy*. In-fol.

744 **Wille** filius (D'ap. P.-A.). La Mère contente, par *P.-C. Ingouf*. In-fol., toute marge.

745 — La Curieuse, par *Voyez* l'aîné. In-fol.

746 — La Mère indulgente, par *L. Lempereur*.

747 — **Witt** (J. de). Trois Enfants avec des attributs des sciences. Jolie eau-forte in-4.

748 Sous ce numéro, il sera vendu un certain nombre de bons lots non catalogués, à la fin de chaque vacation.

Ves Renou, Maulde et Cock, imprs de la Cie des Commissaires-Priseurs, rue de Rivoli, 144. 09040

Dessins

19	Aquarelles et Lavis	15.50
2	Larue	1.50
8	Sanguine	7.50
10	Paysages	4.50
19	— modernes	2
2	Académies	1
23	—	2
73	Paysages	10
29	Monuments	16
23	Ornements	6.50
8	Architecture	3
28	Sujets divers	13
15	Divers	4
15	—	3.50
25	Lettres sur velin	8
24	Divers } 52	3
28		
29	} 60	8.50
31		
32	} 65	5.50
33		
34		
34	Croquis } 68	9.50
90		
		124.50

90 / 75	Divers dessins 165	124 / 13	50
70	—	2	50
6	Portraits	2	50
13	——	1	50
12	Sujets religieux } 28	8	
16	~~Costumes~~		
16	Divers costumes } 44	6	
28			
15 / 15	} 30	4	
15 / 15	} 30	4	
15 / 15	} 30	14	
		180	50

Estampes

26	Castiglione	4	50
30	Ecole italienne	4	50
30	Eaux fortes italienne	6	50
20	Ec italienne Sujets Religieux	4	50
30	Bonasone, Ghisi, M. antoine	6	
23	Petits Maitres, Durer, Leyde	7	50
22	Poussin, Le Brun, Vouet	7	
60	Ecole Française	11	
45	Rembrandt copies	6	50
15	Rubens	6	50
32	Goltzius, Sadeler	6	50
21	Berghem, Wouwermans	9	50
31	Laireasse, Ostade, Teniers	11	
8	Vues d'optique couleur Paris	4	
40	Divers V/my	10	
40	Divers	4	
50	——	2	
50	—— Kostsalken Quickime	4	
45	Caricatures	24	
11	d'après Boucher	7	
27	Meubles orfèvrerie	3	50
30	Fac simile	2	
20	Sanguines	4	50
75	Paysages, Swanevelt	10	
		172	50

Qté	Désignation	Fr.	c.	
		172	50	
75	environ Bois anciens	8		
28	Pièces en couleurs	8		
35	Sujets religieux modernes	3		
35	——— anciens	3	50	
75	Eaux fortes diverses	3		
80	Paysages animés	4	50	
40	XVIIIe Siècle Cosway	5		
155	Sujets divers	5		
140	Animaux	5		
68	Lithographies	4	50	Gadex 17
230	Petits paysages	4	50	
40	XVIIIe Siècle Fragonard Greuze	13		
24	Couleur .	7	50	
50	plus de (53)	1	50	
1	p. Couleur Molière copie d'ap. coupe Nig	2		
		250	50	

Mr Hocquet